Iris A. Viola

BLÜTENROT
Notizbuch

Format: 60 Seiten, 14,8x21 cm; 80 g/m2

Bibliografische Information der Deutschen Nationalbibliothek:
Die Deutsche Nationalbibliothek verzeichnet diese Publikation in der
Deutschen Nationalbibliografie;
detaillierte bibliografische Daten sind im Internet über http://dnb.dnb.de abrufbar.

© 2019 Iris A. Viola 1. Auflage
Covergrafik, Texte, Bilder: © 2019 Iris A. Viola
Herstellung und Verlag: BoD – Books on Demand, Norderstedt

ISBN: 9783750428393

Weitere Notizbücher von Iris A. Viola aus der Blüten – Notizbuchreihe:

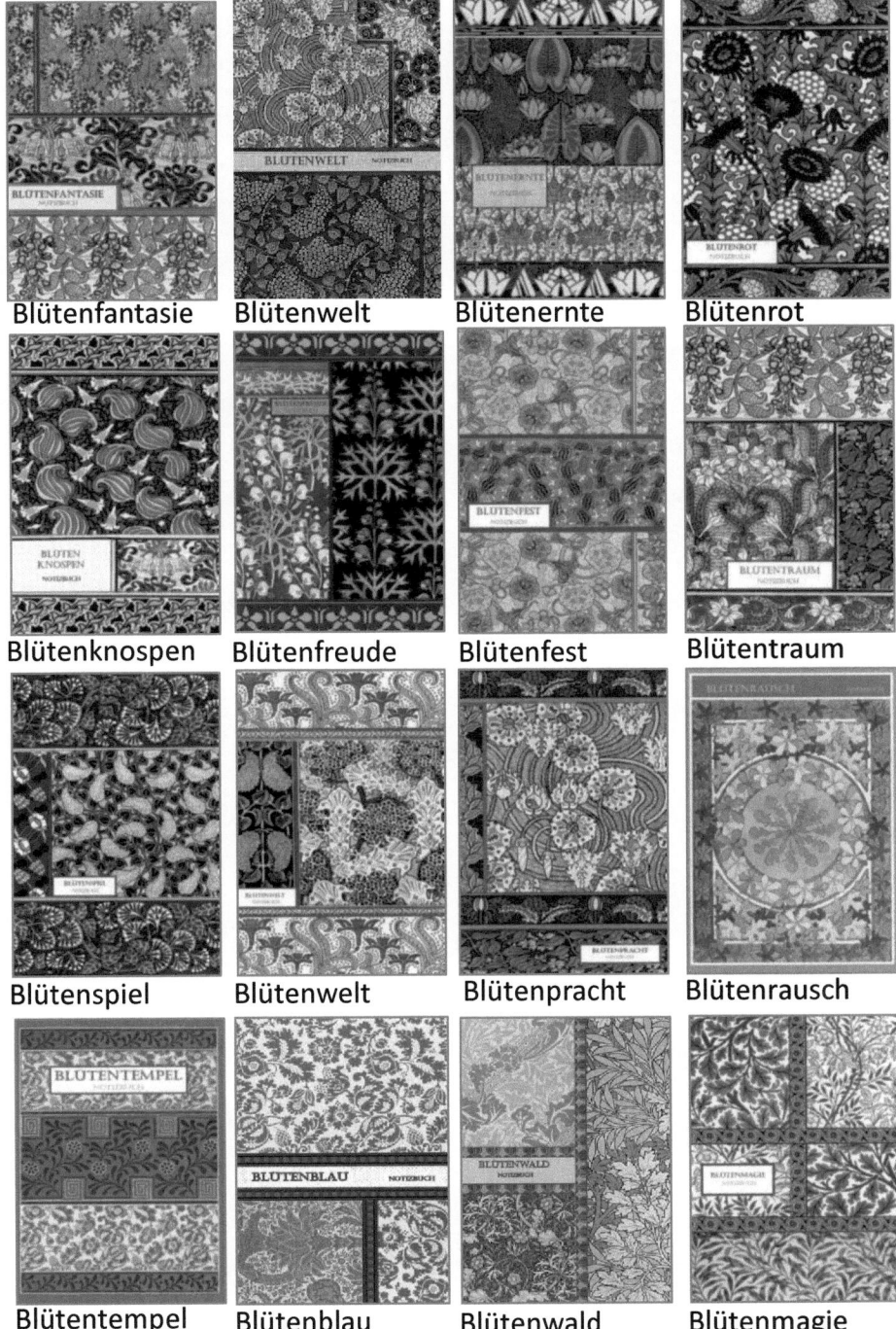

Blütenfantasie	Blütenwelt	Blütenernte	Blütenrot
Blütenknospen	Blütenfreude	Blütenfest	Blütentraum
Blütenspiel	Blütenwelt	Blütenpracht	Blütenrausch
Blütentempel	Blütenblau	Blütenwald	Blütenmagie

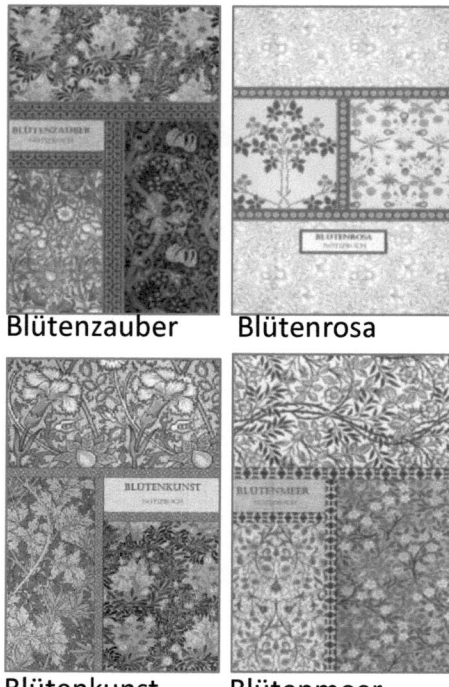

Blütenzauber   Blütenrosa   Blütengeflecht   Blütenfrucht

Blütenkunst   Blütenmeer